# भाव-विभोर

साझा-संकलन- डॉ. विजय

Copyright © Dr. Vijay
All Rights Reserved.

This book has been published with all efforts taken to make the material error-free after the consent of the author. However, the author and the publisher do not assume and hereby disclaim any liability to any party for any loss, damage, or disruption caused by errors or omissions, whether such errors or omissions result from negligence, accident, or any other cause.

While every effort has been made to avoid any mistake or omission, this publication is being sold on the condition and understanding that neither the author nor the publishers or printers would be liable in any manner to any person by reason of any mistake or omission in this publication or for any action taken or omitted to be taken or advice rendered or accepted on the basis of this work. For any defect in printing or binding the publishers will be liable only to replace the defective copy by another copy of this work then available.

मानवी कल्पनायें अविष्कार जगाती हैं, परिवर्तन लाती है, मानवी भावनाओंको, कल्पनाशीलता को उच्चतम स्तर पर लें जाती हैं. यह कविता संग्रह समर्पित है मानवीय कल्पनाओं को, मानवीय भावोंको जो ज्ञान से भी बढ़कर हैं, श्रेष्ठ हैं. इन परिवर्तनशाली, आविष्कारक, संवेदनशील मानवीय कल्पनाओंको, भावों को और उसकी उच्चतम सीमाओं (भाव-विभोर अवस्था) को समर्पित

# क्रम-सूची

| | |
|---|---|
| प्रस्तावना | vii |
| भूमिका | ix |
| आमुख | xi |
| कवी-कवियित्री संक्षिप्त परिचय | xiii |
| 1. माँ तेरा आँचल याद आता | 1 |
| 2. खट्टा रसगुल्ला | 3 |
| 3. हे अब्दुल कलाम तुम्हें ढेरों सलाम | 4 |
| 4. पानी-पुरी | 6 |
| 5. देख, तन्दूर में तपती धरती | 9 |
| 6. पानी का नहीं, कोई सब्स्टिट्यूशन | 11 |
| 7. बुलडोजर | 14 |
| 8. दवा | 16 |
| 9. मन की बात | 18 |
| 10. देश-भक्ति | 20 |
| 11. परशुराम जी का धनुष | 22 |
| 12. मटमैले रिश्तें | 24 |
| 13. चले गाँव की ओर | 25 |
| 14. पहले क्रांतिकारी | 27 |
| 15. अभिव्यक्ति एक मानव की | 29 |
| 16. अंत ना होता जिसका | 30 |
| 17. हमारा देश है हिंदुस्तान | 31 |
| 18. स्वयं से बात करते हैं... | 33 |

• v •

## क्रम-सूची

19. अंधेरे से उजाले की ओर..        34

# प्रस्तावना

मनुष्य के जन्म के साथ और उसके जीवन के अंत तक मनुष्य का कईं भावों से, रसोसें, रंगोंसे, भावनाओं से परिचय होता हैं. कहीं तालमेल बैठता है तो कहीं टकराव, कहीं अलगाव, कहीं मिलाप. अलग अलग घटनायें और जीवन के विभिन्न अनुभवों में इन भावों के उच्चतर सीमा पर पहुंचने पर व्यक्ति/मानव जीवन के सभी रंगो का और रसोंका दर्शन करता हैं जो इन भाव-विभोर अवस्था को पार कर लेता है वो मानो जीवन के मर्म को कुछ हद तक समझ पाता हैं.

डॉ. विजय

“भाव-विभोर” शीर्षक में संकलित कविताऐं आपको आन्नद विभोर कर देंगी। जैसे कि, हवा में उडती हुई उन्मुक्त पतंगे सिर्फ एक सूत्र में बंधी होने पर भी आपको विभिन्न दिशाओं में लहराती, घुमाती रहती है, उसी प्रकार यह साझा संकलन उस एक डोर की तरह है, जो विभिन्न भावों की पतंगों को एक सूत्र में बांधकर रचनाओं रूपी पतंगों के साथ आपको एक उन्मुक्त आन्नद का अनुभव कराऐगी। और यदि कहीं आपके विचार या भावना किसी पतंग को काट भी देते हैं, तो आपके सधे हुए हाथों से किया गया मार्गदर्शन हमें उस उंचाई पर ले जाने में सहायक सिद्ध होगा।

डॉ. पीयूष गोयल, दिल्ली

# भूमिका

प्रतिभाशाली और सम-विचार शील कवी-कवयित्रिओं की पसंदीदा एवं उतम कविताओं को संग्रहित करके उन्हें एक धागे में पिरोकर, एक मंच पर एक कविता-संग्रह के माध्यम से, इस पुस्तिका के रूपमें प्रस्तुत करने की एक छोटी सी कोशिश की हैं. इन कविताओं को पढ़कर पाठकों को जीवन के नौ रस में , भावों में घुली हुई सामाजिक, भौतिक जमीनी-सच्चाईयो सें, विसंगतियोंसे अवगत कराने का छोटा प्रयास किया हैं, इस आशा के साथ की वे इसे पसंद करेंगे.

मैं व्यक्तिगत रूप से आभार व्यक्त करता हूँ इन कवी-कवियित्रिओंको जिनकी रचनायें इस पुस्तिका में सम्मिलित हैं.

1. डॉ. पीयूष गोयल, वैज्ञानिक, नई दिल्ली
2. अनुराधाजी हवालदार, नागपुर, महाराष्ट्र
3. उमाजी वैष्णव, सूरत, गुजरात
4. सुमितजी मानधना 'गौरव' सूरत, गुजरात
5. पूजा भूषण झा, वैशाली, बिहार
6. मौली बुश (मुख पृष्ठ और बैक पृष्ठ डिज़ाइनर)

सभी भावों को एक साझा संकलन में बांधने का एक प्रयास.
डॉ. विजय

# आमुख

हम हर भाव को किस अवस्था में जीते हैं, किस लेवल तक आनंद उठा सकते हैं, अपने पैशन या इंटरेस्ट या अपनी वीकनेस या स्ट्रेंथ को कितने स्तर तक ऊपर ले जा सकते है बस इसी कशमकश में हम अपना जीवन जीते है और उस भाव-भावना की अवस्था अनुरूप हमारा जीवन सफल या असफल रूपमें विकसित होता जाता है.

हर भाव का अपने सीमा के उच्चतम स्तर पर पहुंचना भाव-विभोर अवस्था कहलायेगा.

इस अवस्था में वो उस रस या भाव का असली मर्म-भाव जान पायेगा इसीलिये इस अवस्था को पार करने के बाद ही इंसान के जीवन में परिवर्तन (ट्रांसफॉर्मेशन) की शुरुआत होती है. कुछ हादसे, घटनायें जीवन की दिशा बदल देती है ये भी उसीका एक स्वरुप है. अपनी सोच को अच्छी उड़ान देने पर वो शीर्ष स्तर पर पहुंच कर अच्छा ही परिणाम देगा जिससे आपका जीवन भी आनंद-विभोर हो जायेगा.

# कवी-कवियित्री संक्षिप्त परिचय

डॉ. पीयूष गोयल

कवि: डॉ. पीयूष गोयल, नई दिल्ली

डा पीयूष गोयल पिछ्ले तीस वर्षों से भी ज्यादा समय से अनुसंधान एंव विकास के कार्यों से जुडे रहने के साथ-साथ लेखन कार्यों में भी अभिरूचि है, तथा कई तरह के सामाजिक कार्यों, कार्यकर्ताओं व संस्थाओं से भी जुडे रहे हैं। इनके जैवप्रौद्योगिकी (बायोटेक्नॉलाजी) तथा विज्ञान की अन्य विधाओं पर हिंदी तथा अंग्रेजी भाषा में लेख तथा हिंदी के अनेक विषयों पर लेख व कविता कई प्रतिष्ठित पत्र-पत्रिकाओं में छ्प चुके है। मुख्य लक्ष्य विज्ञान को और ज्यादा सुगम बनाकर जन-जन तक पहुंचाना है। इसके अलावा इन्होंने विभिन्न स्तर पर वैज्ञानिक कार्यक्रमों को बढावा दिया और जैवप्रौद्योगिकी विभाग की

विभिन्न परियोजनाओं को मूर्तरूप देने के लिए वित्तपोषित किया। विभाग की कई गतिविधियों में हिस्सा लेते हुए जैवप्रौद्योगिकी के प्रसार-प्रयास को बढावा दिया, जिसमें विभाग तथा देश के विभिन्न शिक्षण संस्थाओं में वैज्ञानिक सभाओं, कार्यशालाओं और विभागीय प्रदर्शनियों का आयोजन करने के साथ-साथ कई संस्थाओं में वैज्ञानिक भाषण दिए और कार्यशालाओं में हिस्सा लिया। आयुर्विज्ञान अनुसंधान में विशेषज्ञता के साथ इन्होने जैवसूचना प्रणाली (बायोइंफार्मेटिक्स) में शिक्षा और अनुसंधान को विशेष महत्व के साथ सहयोग करते हुए कई संरचनात्मक समूहों का अपने वरिष्ठ सहयोगियों के साथ गठन किया और परियोजनाओं को बढावा दिया। इनकी कोविड महामारी पर चार लेख व एक कविता के साथ-साथ कई महत्वपूर्ण विषयों पर लेख और कविता प्रकाशित हो चुकी हैं। हिंदी में रूचि के चलते इन्हे कई बार पुरूस्कृत भी किया गया और प्रशस्ति पत्र आदि से भी सम्मानित किया गया तथा कोविड काल में कुछ जगह कविता पाठ भी किया। कई तरह के वैज्ञानिक प्रशिक्षण कार्यक्रमों, हिंदी कार्यशालाओं आदि में हिस्सा लिया और इन विषयों को आगे ले जाते हुए विज्ञान से जुडे हुए लोगों और आम नागरिकों को अपने छोटे-मोटे प्रयासों से इन विषयों को समझने और समझाने के लिए हमेशा अग्रसर है।

### सुमित मानधना 'गौरव'

कवि: सुमित मानधना 'गौरव' सूरत, गुजरात

जोधपुर इनकी जन्म भूमि है और सूरत को कर्मभूमि बनाए हुए हैं। कहानी और कविता की प्रति रुचि तो बचपन से ही है, लिखना अभी कुछ ही वर्षों में प्रारंभ किया है। अब तक की कुछ परफॉर्मेंस : सूरत में गांधी स्मृति भवन में, दिल्ली के कवि सम्मेलन व मुंबई में बोरीवली में हुई हैं। इसके अलावा तकरीबन 80 से 100 ऑनलाइन ऑफलाइन कार्यक्रम में भाग लिया है। आपकी रुचि हास्य रस में लिखने की है, साथ ही साथ सभी विधाओं में लिखने का प्रयास जारी है। कुछ खास रचनाओं में यह शामिल है : "हे अब्दुल कलाम, तुम्हें ढेरों सलाम", "मां चालीसा" "पिता", "गणेश चालीसा" , "पत्नी बावनी", "देश भक्ति", "नेता बोलता है", "रामचंद्र कह गए सिया से" इत्यादि।

सौ.अनुराधा हेमंत हवालदार

कवियित्री: सौ.अनुराधा हेमंत हवालदार एम.ए.(इंग्लिश लि.) सरोज नगर,नागपूर

अनुदय (कविता संग्रह)

मनातले पानावर...(लेखसंग्रह)

अलग-अलग समाचार पत्रिका, कई मॅगझीन्स, दिवाली अंक, अलग-अलग किताबोंमें कथा, कविता, लेख, ललित लेख, हायकू,भक्ती गीत,देशभक्ती गीत प्रकाशित (हिंदी, इंग्रजी में रचनायें प्रकाशित). कई विविध राज्यस्तरीय प्रतियोगिताओंमें सहभागी होकर विजेता घोषित हुई. परीक्षक के तौर पर अलग-अलग प्रतियोगिताओंमें में जिम्मेदारी पूर्ण की . संगीत के साथ कई मशहूर कविताओंका, गानोकां और अपनी खुदकी मौलिक स्वरचित कविताओंका गायन-पठन. विविध साहित्य सम्मलेन और हास्य कवी सम्मलेन में सहभाग. आकाशवाणी केंद्र, नागपुर से 'साहित्य सौरभ' इस कार्यक्रम अंतर्गत मुलाखत, जिसमें स्वरचित कविताओं का वाचन-गायन

उमा वैष्णव

कवियित्री: उमा वैष्णव, सुरत, (गुजरात)

1. संस्थापिका: कलम बोलती है साहित्य समूह, सूरत (गुजरात)
2. प्रदेश सचिव:- अखिल भारतीय वैष्णव बैराग पारिषद महिला प्रकोष्ठ, राजस्थान
3. विषय प्रभारी:- मधुशाला साहित्यक ग्रुप
4. प्रकाशित साहित्य:- कलम से (इ-बुक)
5. सम्मान: साहित्य रत्न सम्मान (मधुशाला परिवार), स्टार हिंदी बेस्ट रायटर सम्मान, स्टार हिंदी कलम वीर सम्मान,

स्टार हिंदी साहित्य सौरभ सम्मान, प्रतिलिपि एप द्वारा सर्वश्रेष्ठ कविता लेखन और आलेख लेखन के लिए द्वितीय पुरस्कार । कई मंचों द्वारा सम्मानित।

पूजा भूषण झा

कवियित्री: पूजा भूषण झा
पता - हाजीपुर, वैशाली, बिहार।
शिक्षा -बीएड, एम ए (हिन्दी साहित्य)
कार्य क्षेत्र - शिक्षिका, कवियत्री,गीतकार एवं पत्रकार।
प्रकाशित पुस्तकें - "मेरे शब्दों की दुनिया"," ज्ञान की गूंज","काव्य उपवन","अक्षर अक्षर मोती" एवं विभिन्न काव्य साझा संकलन में प्रकाशित रचनाएं तथा विभिन्न राज्यों के पत्र-पत्रिकाओं में

प्रकाशित रचनाएं।

डॉ. विजय

कवि: डॉ. विजय

1. प्रकाशित काव्य -संग्रह: सम्वेदनाओंको दस्तक, रंगभीनें मोती, कटाक्ष
2. संकलन : प्रेम: निशब्द झरना(काव्य-संग्रह), बंद दरवाजें (कहानी)
3. प्रकाशित कविता 'करे समाजका नव-निर्माण'- पुस्तक: 'संकल्प'
4. 'राष्ट्रभाषा शिखर सम्मान 2022' -विश्व हिंदी रचनाकार मंच
5. 'काव्य श्री सम्मान' - कलम बोलती है साहित्यिक समूह, सूरत गुजरात

6. 'राष्ट्रभाषा-पंडित'पदवी, महाराष्ट्र राष्ट्रभाषा महासभा, पुणे
7. साहित्यिक योगदान (कवितायें + लेख) : 45 (30 +15)
8. भारतीय हिंदी परिषद्, प्रयाग: आजीवन सदस्यता

प्रोफेसर (डॉ.) विजय जगदीश उपाध्ये
डेप्युटी डायरेक्टर, सेंटर ऑफ़ रिसर्च फॉर डेवलपमेंट
असोसिएट प्रोफेसर, पारुल इंस्टिट्यूट ऑफ़ एप्लाइड साइंसेस
पारुल यूनिवर्सिटी, वड़ोदरा-३९१७६०, गुजरात
सेल: 9768583096, 6355285047,
ई-मेल: dr.vijaysemilo@gmail.com

# 1. माँ तेरा आँचल याद आता

माँ तेरा आँचल याद आता
जन्मों तक, मुझसे तेरा, अटूट नाता
माँ तेरा आँचल याद आता
सारे तीरथ तुझ में समातें, तूने हीं जीवन उद्धारा
सारे तीरथ तुझ में समातें, तूने हीं जीवन उद्धारा
तूने हीं जीवन उद्धारा
माँ तेरा आँचल याद आता
माँ तेरा आँचल याद आता
गम ने ये सिखलाया
कौन ? अपना पराया..........कौन ? अपना पराया
हर सुख-दुःख में, माँ का साया
साथ हमेशा पाया............साथ हमेशा पाया
तपते मरुस्थल जीवनमें देतीं, शीतल कल्प-वृक्ष छाया
तपते मरुस्थल जीवनमें देतीं, तू शीतल कल्प-वृक्ष छाया
माँ तेरा आँचल याद आता
माँ तेरा आँचल याद आता
जग ने, कभी नकारा,
कभी स्वीकारा.......कभी मुझें स्वीकारा
बदलें चेहरें, बदलें मौसम,
अँधेरा-उजियारा ......कभी अँधेरा-उजियारा
माँ - समर्पित घिसता चन्दन, महकातीं घर-आँगन सारा
माँ - समर्पित घिसता चन्दन, महकातीं घर-आँगन सारा

वक्त ने, कभी हसाया ...
कभी रुलाया .....कभी मुझें रुलाया
ममता-करुणा-प्रेम का सागर, तूने मुझ पर लुटाया .....
हरदम तूने मुझ पर लुटाया
ईश्वर अवतारी इस धरती पर, तेरी ही गोद से आता
ईश्वर अवतारी इस धरती पर, पहलें तेरी ही गोद से आता
माँ तेरा आँचल याद आता
माँ तेरा आँचल याद आता
सारे तीरथ तुझ में समातें, तूने हीं जीवन उद्धारा
तूने हीं जीवन उद्धारा
माँ तेरा आँचल याद आता
माँ तेरा आँचल याद आता

*****************************************************

अर्थ:

तपते मरुस्थल: रुक्ष रेगिस्तान (जहां अपनत्व का अभाव महसूस होता हो)

कल्प-वृक्ष: इच्छाओंकी/मनोकामना पूर्ति करनेवाला वृक्ष

ईश्वर अवतारी: ईश्वर का मनुष्य रूप में अवतार लेकर धरती पर जन्म लेना

*****************************************************

डॉ. विजय

# 2. खट्टा रसगुल्ला

(नींबू पर हास्य व्यंग)

नींबू ने कहा अपने परम मित्र केले से,
उठा लेते थे लोग कभी भी मुझे ठेले से।
देखो मेरे भी अब तो दिन बदल गए हैं,
आपके नहीं मेरे अच्छे दिन आ गए है।
कल तक लोग मुझे आराम से ले आते थे,
निचोड़ निचोड़कर मुझे सब्जी में मिलाते थे।
अब मैंने भी अपना जादू चलाया है,
देख लोगों को एसी में पसीना आया है।
सब की कीमतें बढ़ गई मैंने उफ्फ नहीं किया,
मेरी बढती कीमत देख सबका सर चकरा गया।
मैं बड़ा ही खुश था जब मुझसे शिकंजी लोग बनाते थे,
गुस्सा तब आता था जब हाथ धोने के पानी में सुलाते थे।
अनमोल देन हूँ कुदरत की लोग मोल नहीं समझ पा रहे है,
मुझे छोड़ हानिकारक कोल्ड ड्रिंक पिए जा रहे है।
वक्त है अब भी सुधर जाओ वरना बाद में बहुत पछताओगे,
इतनी दूर मैं निकल जाऊँगा मुझे ला भी नहीं पाओगे

**********************************************

सुमित मानधना 'गौरव' सूरत, गुजरात।

# 3. हे अब्दुल कलाम तुम्हें ढेरों सलाम

हे अब्दुल कलाम, तुम्हें ढेरो सलाम
तू भारत का सच्चा सपूत था,
तेरा विश्वास हरपल अटूट था ।
तूने सबको जीने का मार्ग बताया,
भारत को मिसाईल देश घोषित कराया ।
खुली किताब जैसी है शख्शियत इनकी,
कौन है जिनको इन पर नाज नहीं ।
यह वो बादशाह था हिंदुस्तान का,
जिसने कभी पहना ताज नहीं ।
हे अब्दुल कलाम तुम्हें ढेरों सलाम।।
भारत के राष्ट्रपति होने पर भी,
कभी अभिमान नहीं किया।
अहंकार को पास ना आने दिया,
हर पल वो स्वाभिमान से जिया।
भारत के लिए पहली सैटेलाइट बनाई,
देश की सुरक्षा के लिए मिसाइल बनाई ।
परमाणु बम का सफल परीक्षण किया,
देश को ऊंची ख्याति दिलाई।
यूं ही नहीं कहते, हम तुम्हें मिसाइल मैन,
तुम थे अद्भुत, तुम थे ग्रेट मैन।
हे अब्दुल कलाम तुम्हें ढेरों सलाम।।

****************************************************

इंडिया को सुपर पावर दिलाया,
और एक महा शक्तिशाली देश बनाया।
हिन्दुस्तान किसी से नहीं हारेगा,
ये विश्वास तुमने हर रग में जगाया।
अपना सारा जीवन देश पर न्योछावर किया,
खुद सादगी से रहे पर देश को आबाद किया।
हे अब्दुल कलाम तुम्हे ढेरों सलाम।।
मरते दम तक तुमने, सबको ज्ञान दिया,
देश का नाम बढ़ाने के लिए सब को प्रेरित किया।
तुम्हारी कुर्बानियों को देश कभी नहीं भुला पाएगा,
इतिहास में तुम्हारा नाम, सदैव अमर रहेगा।
हे अब्दुल कलाम तुम्हे ढेरों सलाम।।
हे अब्दुल कलाम और क्या लिखूं तुम्हारी शान में,
मेरा तजुर्बा और उमर कम पड़ जाएगी।
तुम्हारी अच्छाइयां और महानता पर लिखने के लिए तो
पूरी पुस्तक ही भी कम पड़ जाएगी ।
उस दिन आसमां भी फूट फूट कर रोया था,
जब तू हमेशा के लिए गहरी नींद में सोया था।
हे अब्दुल कलाम, तुम्हें ढेरों सलाम।
तुम्हें ढेरों सलाम।
तुम्हें ढेरो सलाम।

*********************************************

सुमित मानधना 'गौरव' सूरत, गुजरात।

# 4. पानी-पुरी

इक शाम बस, यूँही सूझी कहानी
जब दूर बिकतीं दिखीं पुरी-पानी
कई मिश्रण इसमें सम्मिलित
भिन्न गुणधर्म, सब विपरीत
आलू, प्याज, नमक संग चना
मिर्च, इमली, धनिया पुदीना
दही, पापड़ी, चटनी संग रगड़ा
तालमेल आपस में कभी न बिगड़ा
स्वभाव गुण से सब भिन्न परे
एक दूजे बिन सब अधूरे
सब एक दूसरे में घुल जातें
एक दूसरे का स्वाद बढ़ातें
इक की गहराई, में दूसरा समाता
चोली-दामन का साथ निभाता
सब मिश्रण, पुरी में समाय
मानो जीव में, आत्मा घुल जाय
बची कसर पानी, पूर्ण कराय
आत्म-संतुष्टि का बोध दिलाय
गोल-गप्पा जब मुँह में ठूंस जाय
खानेवाला बस तृप्त हो जाय
कोई न करें किसीसे बगावत
याद दिलाते बस यहीं कहावत
कहीं की ईंट, कहीं का रोड़ा

भानुमति ने कुनबा जोड़ा
पर ये जोड़ा, सबको जुड़ायें
समरसता का पाठ पढायें
सबके संग मेलजोल जरुरी
सबक सिखलाती पानी-पुरी
जब मन विषाक्त, दिल हो उदास
अपनों संग मनमें, जब बढ़ें खटास
अनबन बढ़ें या बिगड़े बात
परछाई भी छोड़तीं, अँधेरे में साथ
मन हों व्यथित, दिल में अवसाद
पानी-पूरी को बस, कर लेना याद
बिखरें रिश्तें, बढ़तां अलगाव
मन-मत-भेद, व्यर्थ टकराव
अहं-स्वार्थ, प्रतिस्पर्धा भाव
शान शौकत, झूठा दिखाव
विचारों में निरंतर भटकाव,
समरसता का नितांत अभाव
गर समझना हो, समरस सिद्धांत
पानी-पुरी का ले लो दृष्टान्त
दो नैन लड़कर, चार हो जाते
एक और एक ग्यारह हो होते
निरंतर बढ़ने का हो, गर दृढ़-विश्वास
सिर (विश्वास) सलामत, तो मिले पगड़ी पचास
मान लो पानी-पूरी की बात
विभिन्नता संग रहे, हरदम साथ
संग-चलना नहीं हो मज़बूरी
सहयोग सिखलाती पानी-पुरी

इक शाम बस, यूँही सूझी कहानी
जब दूर बिकतीं दिखीं पुरी-पानी
****************************************************
डॉ. विजय

# 5. देख, तन्दूर में तपती धरती

भीषण गर्मी की चपेट में
पिघलतें सूरज की लपेट में
माँ वसुंधरा आज आग में झुलसती
देख (मानव), तन्दूर में तपती धरती
वृक्षोकीं जानो आज जरुरत
वृक्षों से जंगल में बरकत
हवा जहरीली, प्रदुषण से दहशत
'सुधर मानव', कुछ कर लें हरकत
सीधी बात तुझे, क्यूँ न समझती?
देख तन्दूर में तपती धरती
तपती सड़कें, उफान पें गरमी
ग्लोबल वार्मिंग से, दुनिया सहमी
पिघलेगी बर्फ, बढ़ेगा जल-स्तर
हालत पर्यावरण के, दिन-ब -दिन बद्‌तर
सुनायीं न देती बजती ये, खतरें की घंटी?
देख तन्दूर में तपती धरती
गगन-धरा-अग्नि-हवा-पानी
*पंच-महाभूत, सौंदर्यवर्धक-निशानी
पोषित करते जीवन, बाँटते संजीवनी
वृद्‌ध जर्जर हुईं, आज इनकी जवानी
मनुज की गैरजिम्मेदार, स्वार्थ-मनमानी
**ओढ़ा दी सृष्टि पर, चादर प्रदूषित-भीनी

'४४ डिग्री सेल्सियस' से शुरू होती आज, तापमान की गिनती
'४४ डिग्री सेल्सियस' से शुरू होती आज, तापमान की गिनती
देख तन्दूर में तपती धरती, देख तन्दूर में तपती धरती
पेड़-पशु-खनिज, वन-संसाधन
संतुलित इनसे पर्यावरण संचालन
वैश्विक समस्या पर, यहीं समाधान
'जैविक-संसाधन', 'संवर्धन' पर हों सभी का ध्यान
प्रदुषण को मिलें, कड़ी शिकस्त आसान
'भविष्य को मिलें नयी दिशा-पहचान'
'नव-जीवन को दे नयी दिशा-पहचान'
सब मिल करो संकल्प, ये है विनती
सब मिल करो संकल्प, ये है विनती
देख तन्दूर में तपती धरती
विजय 'धरा' बचाइये, धरा से सुशोभित जीवन महत्तव विशेष
बिन 'धरा' रह जायेंगे केवल, निर्जीव पाषाण-कंकाल अवशेष

**************************************************

अर्थ:-

सौंदर्यवर्धक निशानी: पंच-महाभूत(गगन-धरा-अग्नि-हवा-पानी) इस सृष्टि का श्रृंगार करते हैं उसकी सुंदरता बढ़ातें हैं. उसकीं सुंदरता में चार-चाँद लगाते हैं

चादर प्रदूषित-भीनी: प्रदुषण में भिगोयीं हुई चादर; मानों मनुष्य ने आज सृष्टि पर ओढ़ा दी.

जर्जर: खस्ता हालत; संसाधन: साधन, विकल्प, रेसौर्सेस ; संवर्धन: कंज़र्वेशन, सुरक्षित बचाव

**************************************************

डॉ. विजय

# 6. पानी का नहीं, कोई सब्स्टिटूशन

पानी का नहीं, कोई सब्स्टिटूशन
पानी का नहीं, कोई नया वर्जन
संगीत मेघ-मल्हार में बरसता
उत्सव फाग-होली में रंगता
तीज-त्यौहारोंमें है पूजता
वन-थर्ड परसेंट सृष्टि में बहता
जीवो के रग-रग में हैं दौड़ता
बारिश-सौंधी मिटटी में महकता
इससे खेत खलिहान है सजता
वसुंधरा का सौंदर्य (गौरव) झलकता
न दोहरी राय, न कोई कन्फूजन
पानी का नहीं, कोई सब्स्टिटूशन
पानी का नहीं, कोई नया वर्जन
पानी सभी पूजन में अर्पण
पानी से पितरोंको तर्पण
उगम-सभ्यता संस्कृति दर्पण
सजीवता प्रति पूर्ण-समर्पण
न दोहरी राय, न कोई कन्फूजन
पानी का नहीं, कोई सब्स्टिटूशन
पानी का नहीं, कोई नया वर्जन
मेघ-गर्भ में करता गर्जन
पानी से सृष्टि का सर्जन (सर्जन - जन्म देना)

ख़ुशी-ग़मों में बहता नयन
कारक जीवन, निर्वाह चलन
अनमोल हैं, न हों इसका मूल्य-मापन
पानी का नहीं, कोई सब्स्टिट्यूशन
पानी का नहीं, कोई नया वर्जन
पानी से सभ्यताओंका उदय
प्राण-जीवन का मूल-हृदय
जल-संवर्धन हों मूल-उद्देश्य
किंचित भी न हो शंका-संशय
उतना ही लो प्याली में
व्यर्थ न जायें नाली में
वर्ना चरितार्थ होंगे मुहावरें
'गयी भैंस पूरी पानी में',
'किया कराया पानी में'
व्यर्थ बहता रहा जो पानी अकारण
बनेगा तीसरे महायुद्ध का कारण
बढ़ायेगा तनाव, चिंता बस इर्रिटेशन
पानी का नहीं, कोई सब्स्टिट्यूशन
पानी का नहीं, कोई नया वर्जन
एक बून्द कभी पानी की, मोरी अखियोमे तरसायें
जहा ब्लू है पानी पानी, पॉप संगीत छा जायें
टिप-टिप बरसा पानी, पानी ये आग लगायें
सैयां देखें जब, सजनी पानी पानी हो जायें
स्वच्छन्द बहता पानी अब, बंद हुआ छोटी बोतल
बिकने लगा बिस रुपये में, हर प्लेटफार्म हर होटल
सैया ने देखा जब मुझे, मैं पानी पानी हो गयी
प्रकृति यें देखें जब, हर पल घुटकर पानी पानी हो गयीं

प्रकृति यें देखें जब, शर्मसार पानी पानी हो गयीं
इससे बड़ा क्या, प्रकृति का हुमिलिएशन (अपमान),
पानी का नहीं, कोई सब्स्टिटूशन
पानी का नहीं, कोई नया वर्जन

*************************************************************

डॉ. विजय

# 7. बुलडोजर

जाती ना पूछो बुलडोजर की,
ताकत का बस कर लो अनुमान
विध्वंस करें अतिक्रमण का,
सरकारी जमीं को ना क्षति-नुकसान
नेताओ का चुनावी हथियार
अवैध निर्माण पर घातक प्रहार
चुनाव समय पर कारगर
अपराधियों पर ताकतवर
आक्रामकता के सजें तेवर
चुनाव-नतीजे बदलें बुलडोजर
विश्व-युद्ध दस्तक के बिच
क्रूड आयल के भाव रिच
नीबू बिक रहा रुपये बिस
महंगाई समक्ष, नीतियां उन्नीस
महंगाई ने सबकी तोड़ दी कमर
ध्यान भटकायें बुलडोजर
तमाखू प्रमोशन में लगी हीरो-गीरी
गुटखा विमल से हो अब जुबां केसरी
अभिनेता भरतें अपनी तिजोरी
युवा वर्ग की 'नशा' कमजोरी
क्यों समझ ना आती सीधी बात?
गुटखा केसरी बांटें कैंसर सौगात
अपने स्वार्थ पर सबकी नज़र

ईमानदार सिर्फ एक बुलडोजर
साम्प्रदायिकता का बेख़ौफ़ उछाल
'कश्मीर फाइल्स' सत्य से, आक्रोश उबाल
टीवी पर निरर्थक 'तू तू मैं मैं' बवाल
'टैक्स' चुकाती पब्लिक, हलाल-कंगाल
विश्व-युद्ध, अब बस शुरू होने के कगार
शांति वार्ता से किसी को न कोई सरोकार (नाता)
बेशर्म राजनीती छोड़ती शर्म की कोई न कसर?
संकटमोचक बनता तब बुलडोज़र
हर क्षेत्र की अब नयी पहचान
बुलडोजर बना यूपी की शान
हर क्षेत्र में नया रंग-असर
महाराष्ट्र का मुद्दा 'लाउडस्पीकर'
सुनकर नेताओं का हल्ला-शोर
लाउडस्पीकर भी हो गया बोर
कुछ ऐसा कर दो 'बुलडोजर'
सुस्त न्याय प्रणाली हो जायें झकझोर
करप्शन हो जायें रफू-चक्कर
कुछ ऐसा कर दो 'बुलडोजर

***************************************************

डॉ. विजय

# 8. दवा

कौन कहता दवा केवल
बोतल में ही मिलती है,
कसरत करना, लंघन करना
दवा ही कहलाती है
खुलकर हसना, गम ना करना
ताकद दिलको मिलती है,
गहरी नींद भलेभलों के
दुर्धर रोग भगाती है
हरी सब्जियाँ, पौष्टिक भोजन
औषध जैसा होता है,
स्वच्छ जल व शुद्ध हवा से
स्वास्थ उत्तम रहता है
कोमल सुरज की किरणोंसे
हड्डियों को लाभ मिले,
ध्यानधारणा योग करो तो
तनमन शुद्धी से खिले
कृतज्ञता और प्रेम दवा है
रिश्तें फलते-फुलते है,
अच्छे मित्र पास संभालो
जीवन सुखमें बीते है
कभी मौन और शांतीसे ही
कई समस्या मिटती है,
कभी-कभी एकांतवास से

खुदसे अभिज्ञा होती है
मिलजुलकर रहना भी सबसे
औषध जैसा काम करे,
खुलकर दिलसे बात करों तो
अंतरंग खिलकर उभरे
प्रेम दिया तो प्रेम मिलेगा
नफरत को मिलती नफरत,
सच्चाई विश्वास समर्पण
स्वभाव को डालों आदत
सबसे बड़ी दवा है यारों
सम्मान उचित सबको देना,
काम क्रोध लालच मत्सर का
खतरा मोल नहीं लेना
स्वस्थ अगर रहना है तुमको
सुनियमित जीवन जीना,
धन से सेहत मूल्यवान है
जीवन हो सुख का गहना

**\*\*\*\*\*\*\*\*\*\*\*\*\*\*\*\*\*\*\*\*\*\*\*\*\*\*\*\*\*\*\*\*\*\*\*\*\*\*\*\*\*\*\*\*\*\*\***

अनुराधा हवालदार, नागपूर

# 9. मन की बात

जीवन में मिलते औ बिछडते
कुछ-कुछ पिछे है छुट जाते
कोई सदैव मन में बसकर
जीवन को नई दिशा दिलाते
जब इस जुग में जन्म है लेते
कई तरह के रिश्तें जुडते
रिश्तों के धागे नाजूक से
कभी उलझकर टुट भी जाते
आदर युक्त स्नेह की भाषा
निभाने छोडे अभिलाषा
जिव्हापे जो मिश्री विराजे
सत्य भरोसे की परिभाषा
तरह-तरह के मिजाज होते
थोडे सीधे,ज्यादा खोटे
वफादार,गद्दार भी मिलते
नियत गंदी,काज भी छुठे
अंदरसे मन विषसम काले
दिखते कितने भोले भाले
ईर्षा क्रोध मोह से लथपथ
मिठी सी बातों के जाले

कमजोर जो, लेते बदला
बलवानोंका नहीं मुकाबला

बुद्धिमान अनदेखा करते
धुर्त चले चालों का खेला
विष औ विषय एक समानसे
मुलतः दोनों मारक है,
विष एक बार ही मारे
विषय रोज-रोज मारे हैं
कोप जहर है,क्षमा है अमृत
क्रुर निर्दयी होते विकृत
दया प्रेम समृद्धी सरलता
मनःस्थैर्य से होते स्विकृत
जो जो शुभ है यही बसा है
पाने को यत्न नहीं लगते
मगर अशुभ का विनाश करने
घोर प्रयत्न करने है पड़ते
मोद जीव की गुणवत्ता है
गहराई में सदा बसा है,
किंतु असंतोष को मनसे
मिटाना मुश्कील पड़ता है
**************************************************
अनुराधा हवालदार, नागपूर

# 10. देश-भक्ति

तिरंगे में लपेटकर अलमारी में सुला देते है,
देश भक्ति के जज़्बे को लोग तारीखों पर जगाते है
समारोह और शुभारंभ में नेता बुलाये जाते है,
फौजी तो देश में मुसीबत में याद किये जाते है।
जान की परवाह किए बिना जो सरहद पर लड़ते है,
रिटायरमेंट के बाद वे अपनी पेंशन के लिए लड़ते है।
देश की हिफाजत करते हुए जो शहीद हो जाते हैं,
उनकी विधवाओं को रो कर दिन काटने पड़ते है।
पति की शहादत पर भी जो अश्क नहीं बहाते है ,
रोजमर्रा की जरूरते से वह जीवन भर रोते है।
जब इस कड़वी सच्चाई से हम अवगत होते हैं,
शर्मसार हो कर सभी के सिर झुक जाते है।
जब क्रिकेट मैच में खिलाड़ी जीतते हैं,
लाखों रुपए ढेरों इनाम पाते हैं।

जैसे जंग जीत कर आए हो ऐसे वो छा जाते हैं।
मीडिया में उनके लंबे चर्चे होते हैं ,
उन्हें काम करने के लिए विज्ञापन मिल जाते है,
अभिनेता से ज्यादा वे पब्लिसिटी पाते हैं।

वही दूसरी ओर जब हमारे सैनिक आतंकी को मार गिराते हैं,
उन्हें ना इनाम मिलते है ना उनके लंबे चर्चे होते हैं।

जबकि देश के असली हीरो तो ये जांबाज होते हैं ,
जो जान की बाजी लगा कर देश की हिफाजत करते हैं।
फिर क्यों उन्हे हम भूल जाते हैं उनका सम्मान नहीं करते हैं,
क्यों देश भक्ति के जज़्बे को तारीखों पर जगाते है।
देशभक्ति अलग-अलग तरीकों से जताई जा सकती है
मनाई जा सकती है मसलन..
गरीब की मदद करना अगर प्रभु की भक्ति है,
पुलिस और फौजी का सम्मान करना देश भक्ति है ।
जरूरतमंद के काम आना अगर प्रभु की भक्ति है,
तो जुल्म के खिलाफ आवाज उठाना देश भक्ति है ।
रोते को हंसाना अगर प्रभु की भक्ति है ,
तो नारी की लाज बचाना देश भक्ति है ।
देशभक्ति की लौ हम यूं ही बरकरार रखेंगे ,
सिर्फ तारीखों पर ही नहीं
देशभक्ति हरदम बसाए रखेंगे,
देशभक्ति हरदम बरसाए रखेंगे

\*\*\*\*\*\*\*\*\*\*\*\*\*\*\*\*\*\*\*\*\*\*\*\*\*\*\*\*\*\*\*\*\*\*\*\*\*\*\*\*\*\*\*\*\*\*\*\*\*\*\*\*

सुमित मानधना 'गौरव' सूरत, गुजरात।

# 11. परशुराम जी का धनुष

एक सरकारी स्कूल में मास्टर जी पढ़ा रहे थे,
बच्चों को रामायण का वृतांत सुना रहे थे।
तभी एक बच्चे को उन्होंने खड़ा किया,
परशुराम जी का धनुष किसने तोड़ा सवाल किया।
सवाल सुनकर लड़का थोड़ा सकपका गया ,
मैंने तो नहीं तोड़ा बोलकर झट से बैठ गया।
मास्टर जी को उस पर थोड़ा गुस्सा आया,
यही सवाल उन्होंने दूसरे लड़के से दोहराया।
वो बोला मैं तो कई दिन से स्कूल ही नही आता हूं,
तोड़फोड़ के बारे में कुछ भी नहीं जानता हूं।
इसी सवाल को मास्टर जी ने सभी से किया ,
लेकिन किसी ने भी ठीक जवाब नहीं दिया।
यह देख मास्टर जी गुस्सा हो गए,
प्रिंसिपल के केबिन की ओर बढ़ गए ।
प्रिंसिपल से जाकर शिकायत करने लगे,
अपने कक्षा के बच्चों की बात कहने लगे।
पूरी बात सुनने के बाद प्रिंसिपल बोले,
मास्टर जी देखिये बच्चे तो होते हैं भोले।
बच्चों की बात का बुरा नहीं मानते हैं,
धनुष किसने तोड़ा हम यह जानते हैं।
मोहल्ले का बदमाश लड़का यहां रोज आता है ,
तोड़फोड़ करना उसे बहुत भाता है।
उसने धनुष तोड़ कर स्कूल में रख दिया होगा,

टूटा धनुष देख आपका मूड बिगड़ गया होगा।
यह सुनकर मास्टर जी का सर चकराया ,
उन्होंने स्कूल के ट्रस्टी को वहा बुलवाया।
पूरी बात जानने के बाद ट्रस्टी भी घबराया ,
धनुष तोड़ने का मामला इतना कैसे गरमाया?
बोले इतनी सी बात का बतंगड़ नहीं बनाते हैं,
चलिए हम आपके लिए नया धनुष बनवाते है।
अब आप मामले को यहीं रफा-दफा कीजिए,
हम सब को अपने अपने घर जाने दीजिए।
यह सुनकर मास्टर जी गुस्से से लाल हो गए,
अपना इस्तीफा थमाकर सीधा घर पर आ गए।
अपना इस्तीफा थमाकर सीधा घर पर गए।

\*\*\*\*\*\*\*\*\*\*\*\*\*\*\*\*\*\*\*\*\*\*\*\*\*\*\*\*\*\*\*\*\*\*\*\*\*\*\*\*\*\*\*\*\*\*\*\*\*\*\*\*\*\*\*\*

(यह कविता काका हाथरसी जी की शिव का धनुष कविता से प्रेरणा लेकर बनाई है)

सुमित मानधना 'गौरव' सूरत, गुजरात।

# 12. मटमैले रिश्तें

कुछ पुराने से, तो कुछ धुंधले,
दर्द बड़ा देते ये हैं मटमैले रिश्तें।
यादों की गहराईयों से पले ,
कुछ अध मरे से, कुछ मर गये,
दर्द बड़ा देते ये हैं मटमैले रिश्तें..
वक्त के हाथों से निकले,
कुछ उजड़े से, कुछ मुरझाये,
दर्द बड़ा देते हैं ये मटमैले रिश्तें..
अन्त मन की ज्वाला में जले ,
कुछ छालें तो कुछ नासूर बने,
दर्द बड़ा देते हैं ये मटमैले रिश्तें
सन्नाटे में पले शोर बन फैले ,
कुछ काँटों से कुछ शूल बने
दर्द बड़ा देते हैं ये मटमैले रिश्तें
जीवन भर बोझ बन रहे,
कुछ कहे, कुछ अनकहे रह गये ,
दर्द बड़ा देते हैं ये मटमैले रिश्तें....

**************************************************
**उमा वैष्णव, सुरत, (गुजरात)**

# 13. चले गाँव की ओर

जिस मिट्टी में,खेले हमझोली ,
मीठी बड़ी जहाँ की बोली ,
जहाँ बच्चे करते रहते शोर,
आओ चले गाँव की ओर......
सुबह - सवेरे जहाँ पंछी गाते,
हरे -भरे खेत जहाँ मन को भाते,
उसी खेत और खालियां की ओर,
आओ चले गाँव की ओर......
सावन में जहाँ मेले लगते,
वृक्षों पर जहाँ झूले बंधते,
पीपल के उस छाँव की ओर,
आओ चले गाँव की ओर.....
चूल्हे पर अब भी पकती रोटी,
मिठास उसमें गजब की होती,
उसी गाँव के घर की ओर,
आओ चले गाँव की ओर.....
गाय, बैल की लेकर टोली,
गूंजे जहाँ कोयल की बोली,
टेढ़ी - मेढ़ी राह की ओर,
आओ चले गाँव की ओर.....
ठंडी पवन के जहाँ आते झोके ,
कैसे अब हम मन को रोके,
अपने प्यारे जहान की ओर

# आओ चले गाँव की ओर......

**उमा वैष्णव, सुरत, (गुजरात)**

# 14. पहले क्रांतिकारी

नाम था जिनका,
वासुदेव बलवंत फड़के,
जिनसे के नाम से,
अंग्रेज भी थे भड़के,
स्वतंत्रता संग्राम के,
पहले क्रांतिकारी कहलाये,
4 नवंबर 1845 के दिन,
इस धरती पर आये,
अंग्रेजो के खिलाफ प्रथम,
सशस्त्र विरोध अभियान चलाये
आजादी पानेके उन्होंने,
पुनः सपने दिखाये
इसीलिए तो फड़के,
पहले क्रांतिकारी कहलाये,
लोकमान्य और फूले से मिले
जंगल में अभ्यास स्थल बनाये,
लोगों को हत्यार चलाने के
जंगल में अभ्यास कराये,
आजादी पाने के,
नितदिन अभियान बनाये,
इसीलिए तो फड़के,
पहले क्रांतिकारी कहलाये,
महाराष्ट्र के सात जिलों में,

ऐसे प्रभाव फैलाये,
जिसे देख अंग्रेजों के,
दिल थर-थर घबराये,
फड़के की गिरफ्त पर,
इनाम देने की घोषण कराये,
इसीलिए तो फड़के,
पहले क्रांतिकारी कहलाये,
बीमारी के कारण ही,
वह अंग्रेजों के हाथ आये,
काला पानी की सजा पाकर भी,
वह कभी नहीं घबराये,
ऐसे वीर सपूत को,
हम क्यों ना शीश नमाये
इसीलिए तो फडके,
पहले क्रांतिकारी कहलाये

*******************************************************

उमा वैष्णव, सुरत, (गुजरात)

# 15. अभिव्यक्ति एक मानव की

अभिव्यक्ति है यह तस्वीर
उस माननीय "कलाम" जी के भावों की
उनके मन के विचारों की
जैसा दिखते हैं, वैसे ही थे उनके भाव
आंखों की भाषा में कहीं छिपे थे अभाव
फिर भी जिंदगी से लडकर
उन्होने एक मिसाल पैदा की थी
अब्दुल कलाम के जीवन में मानवता,
त्याग और कर्म निष्ठा छिपी थी
समय का ना था, जीवन में आभाव
सबके लिए संवेदना और छिपे थे भाव
जिन्दगी उनकी तराजू के सदृश्य थी
नहीं डगमगाती, पर संतुलन से भरी थी
उनके आदर्शों से सभी थे प्रभावित
देशहित में जीवन किया था अर्पण
प्रेरणाओं से उनकी, भरा हुआ था जीवन
विज्ञान को हमेशा अपना जीवनसाथी माना
बच्चों से प्यार और लोगों का दिल जीता था
ऐसी महान आत्मा थे माननीय कलाम,
उन्हें हम सबका सलाम

*********************************************
डॉ. पीयूष गोयल, दिल्ली

# 16. अंत ना होता जिसका

बूंद-बूंद से बनता सागर
लम्हों से बनते है सपने
दरियादिली दिखाते हैं जो भी
हो जाते हैं अपने
ज्ञान के दीप की लौ की ताकत
तुमने थी जो बढाई
जीवन में कुछ चमन खिले थे
कुछ खुशियां ना मिल पाई
समुद्र की ऊंची लहरों पर तुमने
जीवन को लडते देखा था
सफेद चमकती बालू पर
अपने पद चिन्हों को देखा था
कभी ना सोचा होगा कि
यूं मिट्टी में मिल जाऊंगा
बालू के छोटे-छोटे घरौंदे बना
सबके सपनों को सजाऊंगा
ऐसे मार्ग प्रदर्शक का
अन्य नहीं होता है, कभी
खुद को समर्पित कर राह बनकर
जीवन सबके उज्जवल करता है

*******************************************************

डॉ. पीयूष गोयल, दिल्ली

# 17. हमारा देश है हिंदुस्तान

सारे जग में एक ही नाम
हमारा देश है हिंदुस्तान
जहां पर बच्चा बच्चा राम
जहां पर बच्चा बच्चा श्याम..2
जहां तप करते ऋषि मुनि
यहां पर लोग हैं बड़े गुणी
जहां पर भारत मां के लाल
न्योछावर कर दे अपनी प्राण
हो सारे जग....2
जहां की धरती है उपवन
नदी गंगा सी है पावन
हमारे देश के वीरों पर
रहेगा क्यों न हमे अभिमान..
हो सारे जग में...2
यहां नटवर, नागर ,नंदा
यहां गोकुल है और वृंदा
जहां पर धरती और गौ को
हम पूजे माता समान...
सारे जग में.....2
जहां पर मात पितु भगवान
चरण में उनके है जीवन
जहां लहराता हो खलिहान

तो हर्षित क्यों ना हो किसान..
सारे जग में एक ही नाम..2
प्रभु की भक्ति में शक्ति
दिखे है ईश्वर कण -कण में
जहां पर कुटुंब हमारे हैं
प्रभु और देवों के समान..
सारे जग में एक ही नाम...2
जहां पर भगत राज सुखदेव
हुए है भारत मां के वीर
जो हंसते-हंसते अपने देश पे
न्योछावर कर दिए अपने प्राण..
हो सारे जग में ...2
जहां मुरली की मधुर है तान
जहां पर कृष्ण और है राम
वहीं पर मैं भी जन्मी हूं
मुझे फिर क्यों ना हो अभिमान..
हो सारे जग...2

\*\*\*\*\*\*\*\*\*\*\*\*\*\*\*\*\*\*\*\*\*\*\*\*\*\*\*\*\*\*\*\*\*\*\*\*\*\*\*\*\*\*\*\*\*\*\*\*\*\*

पूजा भूषण झा, वैशाली, बिहार

# 18. स्वयं से बात करते हैं...

लगाकर व्यथा पर विराम! स्वयं से बात करते हैं
आज फुर्सत में खुद ही खुद से मुलाकात करते हैं ।
जरा दर्पण में देखूंगी जरा सी मुस्कुरा लूंगी
फिर अपने बाल में गजरे की लड़ियां को लगा लूंगी।
नयन भर खूब देखूंगी मैं खुद से स्नेह कर- करके
चलो जीती हूं खुद में खुद अपने को ही जी भर के।
बहाना ना कोई होगा, ठिकाना ना कोई होगा
सिमट अंकोर में खुद को दीवाना ना कोई होगा।
जरा सी लेके बिंदी लाल सजा लूंगी मैं माथे पर
हिना की रंग लेकर मैं सजा लूंगी इन हाथों पर।
चलो साड़ी के पारो में लगा कुछ चुन को देखूं
सजाकर आज खुद ही खुद मैं अपने आप को देखूं।
न कोई हो बची उम्मीद न हो कोई आरजू दिल में
बस अपने आप में खोई रहूं जैसे हो महफिल में।
चलो एक गीत और गजल खुद से खुद पे लिखते हैं
अपनी रचना के शब्दों में खुद ही खुद को रचते हैं।

**********************************************

पूजा भूषण झा, वैशाली, बिहार

# 19. अंधेरे से उजाले की ओर..

जीवन का ध्येय..?
सिर्फ लेना नहीं, वरन
बहुत कुछ देना भी है..
प्यार, इच्छाओं की पूर्ति, खुशी
मन में विश्वास, होठों पर हंसी,
और..यही वो सब बातें हैं,
जो हमें अपने, और किसी के भी
साथ जोडे रखती हैं..या फिर
खुद में भी? अगर हम देखें तो यह..,
उम्मीदों की लडी, और
आशाओं की कडी से हमें जोडती है.."
अत: जीवन का ध्येय ..?
अंधकार नहीं, अंधकार में खोना
कभी नहीं..सोना नहीं, पाकर खोना नहीं
और इस पाने-खोने के अंतर में
मन को कभी भी डुबोना नहीं
कभी - कभी अपने अंतरमन से
तुम, कुछ तर्क - वितर्क तो करना
जीवन की इस विधि को,
अपने आप फिर तुम समझना
जीवन जो ईश्वर सम है,
उसको अपने मन से जोडना,

और मन को जीतना, क्योंकि..?
केवल मन ही, सिर्फ अपने वश में है,
यह संतोष प्रिय भी, और संग में है,
इसलिए यह ईश्वर-सम मनुभाव को
और अपनी सभी इच्छाओं को
तुम उसी संभले मन को देना..
ज्ञान भी तभी बढता है..क्योंकि,
यह जीवन "चांद" और "सूर्य" सम है,
चांद तो शीतलता देता है,
या कम -ज्यादा हो सकता है..,
पर सूरज कभी ना घटता है..."
अत: जीवन के अंधेरे में,
कभी ना जलना और ना कभी भी रोना,
मन में बस यही भाव हो, कि...
कुछ करना है, कर गुजरना है..।"
स्वयं ज्योति में जलकर
कभी खाक ना तुम बनना
बल्कि ज्योति सा बनकर तुम्हें
रास्ते दिखाते रहना है..
और जो अंधेरे में हैं, उन्हे सिर्फ
राह बताते रहना है, मार्ग दिखाना है,
और देखो? उन्हें भी.. तुम्हें जगाना है,
उनकी इच्छाओं को समझ
आशाओं की ओर ले जाना है..
पीछे मुडकर ना...कभी देखना..।"
मन की "ज्योति" को प्रज्ज्वलित करो..
कदम से कदम, मिलाकर चलो

बुराई ना देखो कभी किसी में..."
"सच्चाई" में खुद के साथ चलो
मन की तृष्णाओं को..कर्मों से
अंजुल भर-भर कर पिलाना है,
स्वयं संवरना, और दूसरों को संवार कर
एक सुंदर सा "गुलदस्ता" बनाना है.."
जिसमें दूसरों की खुशी के फूल,
मुस्कान की खुश्बु, और प्यार से..,
अपने आसपास से अंधकार को मिटा
सबको उजाले की ओर ले जाना है ...

*************************************************

डॉ. पीयूष गोयल, दिल्ली

www.ingramcontent.com/pod-product-compliance
Lightning Source LLC
LaVergne TN
LVHW041715060526
838201LV00043B/739
* 9 7 9 8 8 8 8 1 5 4 0 3 8 *